HAPPY CREATURE IN WORDS:

Historias cortas y Poemas

HAPPY CREATURE IN WORDS:

Historias cortas y Poemas

Jesus Arturo Gardea

Número de Control de la Biblioteca del Congreso de EE. UU.:		2012918261
ISBN:	Tapa Dura	978-1-4633-4071-1
	Tapa Blanda	978-1-4633-4070-4
	Libro Electrónico	978-1-4633-4069-8

Para pedidos de copias adicionales de este libro, por favor contacte con:
Palibrio
1663 Liberty Drive
Suite 200
Bloomington, IN 47403
Gratis desde EE. UU. al 877.407.5847
Gratis desde México al 01.800.288.2243
Gratis desde España al 900.866.949
Desde otro país al +1.812.671.9757
Fax: 01.812.355.1576
ventas@palibrio.com
430190

Í N D I C E

CAPÍTULO I: POEMAS

CAPÍTULO II: HISTORIAS CORTAS

"Este libro pertenece a mi y a mi corazón sin olvidar mi alma"
—Jesus Arturo Gardea

Este libro es dedicado a mi pequeña y única familia
mi madre, mi padre, mi hermana, mi abuela y la pequeña bebe.

CAPÍTULO I:
POEMAS

En la tierra mas limpia,

sembré las semillas de nuestro amor,

que crecen día a día con el agua de mis ojos

Amor mío es triste saber que en un futuro **serás** un sueño dentro de otro sueño.

The corpse of myself and pulling hair
Mixed media on paper
18 x 24 in
2012

Estrellas a mitad de su brillo

Mujeres vienen y van rápidamente de mi lado,
como parásitos y bacterias se dirigen a un animal muerto,
pero la ausencia física de ellas,
no detiene a la estancia del alma y en lo profundo de mi ser,
por que la mayoría se quedan alojadas en mi corazón,
como un huésped en un hotel sin estancia definida,
como un gran hermoso lamento que hace eco en mi mente,
como estrellas que se quedaron a mitad de su brillo.

Me transformo en estrella por las noches para seguir su camino.

Tu belleza princesa hermosa es escorpulenta

Jesus Arturo Gardea

Buenos días

Buenos días mi alma gemela,
ladrona de mis sueños,
como todos los días,
ansiaba el despertar para verte,
buenos días radiante estrella en mi cielo,
la flor de mil colores en mi desierto de tonos grises,
buenos días sonrisa en mi gran llanto,
buenos días hermosa marea que empuja mi barco,
buenos días alma de lo bello,
buenos días.

A veces observo a mi princesa y ella parece jugar con la corona que le otorgue.

Psicoanalizar los sueños que tengo de ti y contigo amada mía es de lo mas simple, lo difícil es saber si los considero pesadillas o no

Trying to see the help of an angel that doesn't like me
Mixed media on paper
18 x 24 in
2012

Eres

Una gran luna llena en la obscuridad de la noche,
un suave viento templado que acaricia mi piel,
un alma libre que me recuerda la persona que solía ser y extraño,
un brillo radiante que emanas de esos ojos hermosos,
una bella mujer que cualquiera quisiera contemplar

Desearía cortar tu lengua y educarla para que solo dijera mi nombre.

Amada mía me aprendo lo que me dices no con la memoria sino con el corazón

Una mujer Hermosa

Una flor abriendo sus pétalos,
de un alma noble y sensible,
nadie a visto su gran belleza interna,
que su belleza exterior derrite el mas duro acero,
poniendo nerviosos a los mismo ángeles,
sus pasos dejan un hermoso camino, donde no lo había,
una figura angelical.

Mi corazón quedara en silencio,
guardando el amor hacia ti,
que nunca quisiste escuchar.

A present from one of my mice (Bleeding book)
Mixed media on paper
18 x 24 in
2012

Anhelandote a cada instante

Me he dado cuenta,
el porque tanto lo he anhelado toda mi vida,
el tierno abrazo de ello,
nunca lo he tenido,
pero si lo sentí en todo su esplendor,
vi lo hermoso que es,
sin embargo le he escrito una y otra vez,
siendo mi inspiración y paleta de colores en mi arte,
tengo tanto de el en mi que me quema,
quiere salir,
como un animal salvaje lleno de ira y pasión,
por entregarse y dar todo de si,
duele y grita tanto,
que literalmente duele mi cuerpo,
me ha costado agonías y terrores el no tenerlo,
nubes llenas de lágrimas,
bajo una tormenta infernal,
siempre te anhelare,
mi hermoso y querido AMOR.

No me das tu amor pero aceptas y recibes el mío, eso es hermosamente egoísta.

Radiografía del Artista

Mi constante devastador y melancólico pensamiento,
con el mas grande caos,
agarrado de la mano de la autodestrucción,
mientras mi cerebro tiembla,
mi alma sufre los mas horrorosos espasmos,
junto a mi corazón con profundas heridas,
que probablemente dejara de latir,
para finalmente dormir en un sueño profundo y eterno

Con el brillo de tu amor, ni el sol ni las estrellas me sorprenden.

Rat hat
Mixed media on paper
24 x 18 in
2012

Mi manera de amar a una mujer

Olvidandome de mi lo doy todo,
dejandome seco por dentro,
cada vez que la veo, mis ojos se abren y brillan,
teniendo numerosos encuentros, con lo mas profundo de mi,
el sentimiento me quema y duele,
es demasiado,
recuerdo que es algo que necesito día a día,
sin el no puedo ser feliz,
mi manera de amar es brutal,
como una puñalada penetrando el corazón,
los fantasmas del pasado son olvidados,
como una gran ola,
derribando el mas grande barco en el océano,
escalofríos es lo que siento la mayor parte del tiempo,
mi manera de amar es agresiva,
como un animal salvaje enojado,
mi manera de amar,
es como si solo fuera hacerlo esa vez,
los demonios desaparecen en ese momento,
me observan de lejos,
mi manera de amar es insoportable,
mi manera de amar es al extremo,
siendo yo mismo mi propio enemigo,
mi manera de amar yo solo no puedo evitarlo,
esta dentro de mi,
mi manera de amar,
mi manera de amar.

Cuando el viento sople fuerte,

sera el eco de mi alma agitada por tu rechazo,

y las gotas de lluvia que caigan de las mas negras nubes,

serán las lágrimas que mi inconsolable corazón derramo por ti.

Un beso que murió en el instante antes de nacer

La ultima vez que la vi, nos dimos nuestro primer beso y el ultimo,
un beso que se sintió sin vida y sin brillo alguno,
un beso que se sintió como algo que ella nunca deseo,
como un hijo nunca desearía que su madre muriera,
aun así yo lo necesitaba, yo si lo deseaba,
mi corazón fue engañado muy facilmente,
creyendo que era un beso hermoso,
no fue su culpa,
pero tampoco la llamo inocente,
como un corazón,
que alcanza a ver trozos de luz, a traves de las rejillas de una prisión,
ese beso quedara vagando por ser encontrado,
encantado,
como un animal en formol, que parece vivo pero no lo esta,
un beso, que jamas debió de haber existido,
quedo como el eco del dolor y mi gran melancolía que rigen mi vida,
fue un beso sin pasión,
que mi corazón alborotado, sintió una gran adrenalina,
un beso que no tenia esperanza alguna,
pero mi corazón puso todas sus esperanzas en el,
fue un inocente beso,
que creyó en la respuesta de otra,
un beso que murió en el instante antes de nacer.

JESUS ARTURO GARDEA

Quizá tenga 27 años,
pero mi alma y mi corazón son los de
un hombre enfermo de 60 años

Cuando la gente me pregunta o me dice tu estas loco, les contesto de eso no cabe la menor duda, dudarlo seria la locura mas grande en todo su esplendor.

We are the same one
Mixed media on paper
18 x 24 in
2012

La criatura y su corazón

Mas y mas me considero una criatura en este mundo,
como un extraño en un lugar que no le agrada,
mi corazón, un corazón humano, no creo que lo sea tampoco,
mi alma se encuentra penando sin físicamente haber muerto,
es mi refugio,
mi alma ligera como una lágrima,
mi alma tormentosa como el caos de una bomba atómica,
días vienen y van como mi vida,
sin mucho sentido avanza o retrocede,
ya ni siquiera lo se,
o no quiero saberlo, cosa que es peor,
el corazón herido grita con llanto,
con gritos que retumban en mi mente, dejandome atontado,
caminando por la vida,
solo como una rata sin rumbo alguno
un futuro incierto lleno de temores,
solo como una rata en la obscuridad,
el corazón cada vez mas confuso,
no sabe que está perdiendo la cabeza,
volviendose cada vez mas loco,
un corazón que se agranda rápidamente,
y rápidamente se hace tan diminuto como un microbio,
un corazón que me reclama todo le tiempo,
como un bebe reclama el ser alimentado,
un corazón triste y herido,
que cada cicatriz lo hace llorar,
día a día como una tarea sin fin.

Brincaba,
brincaba como un niño tratando de alcanzar el cielo,
solo que yo intentaba alcanzar tu Corazón.

El moribundo Corazón caminante

A lo lejos puedes verlo,
caminando lentamente y sin energía,
como una tortuga abandonada,
que no ha sido alimentada por años,
se ve agonizando y pálido,
como un enfermo a punto de morir,
en una triste vieja cama de hospital,
con heridas de mi primer, segundo y tercer grado,
primer grado: tiene pequeños traumatismos,
producidos por las previas roturas con ex parejas,
Segundo grado: enormes hematomas,
con hemorragia donde se produce la confusión en sus nuevos "amores
",
tercer grado: hay rotura dentro de si mismo, automutilacion,
y como podría olvidar sus heridas abiertas,
se ven a simple vista,
puedes ver gotas de sangre caer en cada paso que da,
con un brillo de tristeza cada una,
las gotas de sangre son rojas,
como el rojo mas obscuro de una manzana en todo su esplendor,
las gotas van dejando una inmensa nostalgia,
en el camino del moribundo corazón caminante,
el mas melancólico y sediento,
mi único corazón,
mi moribundo corazón caminante.

Yo pienso que hay mas luz en la obscuridad

The demon has the heart key
Mixed media on paper
18 x 24 in
2012

En una habitación de mi Corazón

Una figura angelical con fragmentos de los mas agraciados ángeles,
con esa cicatriz con vida propia que un ángel dejo al intentar tocarte,
agraciada y suave piel como los pétalos de la flor mas hermosa,
al mismo tiempo tu piel es helada,
como una nevada en un lugar lleno de bacterias,
así como tu presencia mata mis demonios por esos, momentos de mi vida,
en tus labios el paraíso se siente,
como se siente el calor del sol en una tarde de invierno,
tus ojos grandes y negros con un gran brillo,
como un gran sol misterioso que esconde un gran deseo,
probablemente los labios mas exquisitos,
como el platillo mas delicioso del mejor chef,
me gusta estar contigo al aire libre en días de viento,
como ayer,
porque esos vientos tienen la dicha de tocarte,
y al mismo tiempo yo puedo sentir esos vientos,
como un bello rebote de tu piel a la mía,
hospedada en mi corazón que yo mismo te construí,
grande y cómoda que he elegido te encuentras,
en mi corazón estas como uno de mis mas sagrados recuerdos,
y en mi mente siempre volaras como una linda ave en un cielo libre y
despejado.

JESUS ARTURO GARDEA

Te amo tan agresivamente,
como una mordida de un Tiburón,
que te hace sangrar.

Al finalmente besarte

El tocar tu piel me estremeció,
al mismo tiempo que los ángeles enrojecieron de envidia,
mire hacia arriba rápidamente a alguien o algo,
por darme tal placer en la vida,
al mismo tiempo observe los ángeles reclamando el porque,
regrese mi mirada hacia ti,
con ese rostro de infinita belleza,
y vi todo lo que necesitaba ver, antes del día que muriera,
y al finalmente besarte,
cada particular de mi ser rogaba por unirse a ti por el resto de su vida
y descansar en tu infinita perfección.

Mi más grande inspiración en mi arte es mi vida.

Haciendole al titiretero
Mixed media on paper
24 x 18 in
2012

Alma abandonada

Otra alma triste y solitaria,
dañada con el filo de tu Corazón,
como el filo de una espada daña a su enemigo,
solo que esta vez no era enemigo,
la bañaba todos los días con un baño de amor,
dejandome abandonado y preguntándome porque,
las flores marchitas me observan al caminar,
haciendome sentir una gran nostalgia,
me dejaste ver trozos del paraíso,
con los colores mas hermosos que jamas haya visto,
y ahora me das la oportunidad de ver,
los lugares mas obscuros y dolorosos del infierno,
dejandome heridas que nunca sanaran,
los recuerdos siempre estarán ahí,
como fantasmas en mi cabeza siempre preguntarán por ti.

Entre sus piernas la luz de las ovejas
siempre **seguirá** brillando.

Vivirás ahí eternamente

En algún rincón especial de mi corazón te he escondido,
como un niño esconde uno de sus mas preciados juguetes,
en un rincón que nadie pueda encontrarte jamas,
vivirás ahí eternamente,
como eterno fue nuestro amor por poco tiempo,
vivirás ahí eternamente,
como un hermoso recuerdo,
y en mi mente obscura flotaras como un fantasma en la sombra de la noche,
como una estrella bella y brillante en mi cielo,
que observare en mi tenebroso camino,
despertaste mi corazón que dormia y lo volviste a arrullar,
hasta que durmió de nuevo,
vivirás ahí eternamente como un hermoso recuerdo,
ame cada momento que estuvimos juntos lo sabes,
sabes que así fue,
despertaste mi sueño y lo volviste a arrullar hasta que durmió,
quedandote como un fantasma dentro de el,
vivirás ahí eternamente como un hermoso recuerdo,
vivirás ahí…
vivirás ahí…
eternamente.

La frase "te quiero mucho" nunca había sido tan significativa, tan anhelada por mis oídos, ni nunca había sonado tan bella, pronunciada en tus dulces labios llego hasta lo mas profundo de mi ser, atacándome violentamente con hermosura mi alma y mi corazón como un regalo que solo los mismos ángeles del paraíso podrían enviarme a la tierra.

Getting messy with my madness
Mixed media on paper
18 x 24 in
2012

Refugiados el uno con el otro

Mi corazón embriagado como un borracho,
que pierde la razón bajo la luz de la luna triste que le observa,
mi alma sin descanso alguno,
como un esclavo que trabaja bajo la amenaza de muerte,
en los desiertos mas cálidos, bajo el sol triste que le observa,
mi corazón ahogado en un mar de recuerdos,
recuerdos que van y vienen,
como hormigas en le cadáver de un escarabajo,
mi corazón buscando refugio desesperadamente,
como un perro abandonado en las calles, con un tormentoso clima,
buscando ser adoptado por otro humilde y pasional Corazón,
sin encontrar adopción alguna trata de descansar,
pero es difícil debido a su carácter nostálgico y rebelde,
mi alma lo acoge en sus brazos,
como una madre acoge en sus brazos a su primer querido hijo,
siempre mi alma y mi Corazón seguirán unidos,
hasta el día de mi muerte,
haciendose compañía y buscando refugio el uno con el otro,
siempre estarán…..
siempre estarán…

Jesus Arturo Gardea

Nunca sé que decir, pero siempre sé que dibujar

Las ratas

Las ratas me observan detenidamente,
con una mirada mas fuerte,
pero han parado de hablarme,
me gusta observarlas,
en sus ojos veo un reflejo de mi desesperación,
como un recién nacido ve amor en los ojos de su madre,
me gusta su olor a pelos,
me recuerda a la vida, a la naturaleza,
al ver las ratas en formol,
me crea un extraño sentimiento de ternura y nostalgia,
parecen bebes que duermen eternamente,
el estar muerto por dentro y parecer vivo por fuera,
es como una trágica pero Hermosa poesía de la vida y la muerte,
al igual que las ratas disecadas,
ellas me hacen sentir menos solo en este mundo al cual no
pertenezco,
las ratas,
ellas,
me observan…..
me observan detenidamente.

El único momento que puedo olvidar el dolor y la soledad es cuando estoy dibujando o escribiendo, es como una terapia para mi

Todo el mundo necesita amar y ser amado.

A dramatic masterpiece
Mixed media on paper
18 x 24 in
2012

JESUS ARTURO GARDEA

Nuestra vista de amor

Nos veremos mas haya de nuestras almas,
veremos dimensiones fuera de este universo,
veremos cada defecto de nuestro cuerpo,
nos veremos con ojos de algo que es mas que amor,
inventaremos un nuevo sentimiento, que sera solo nuestro,
veremos hermosas palabras en cada oración que diga el viento,
inventaremos y veremos colores a través de nuestras almas corruptas,
nos veremos los mas obscuros rincones de nuestras mentes,
la locura abundara en nuestros corazones y en nuestras mentes,
como dije,
nos veremos mas haya de nuestras almas,
nos veremos mas haya de lo inimaginable,
nos veremos por siempre,
mi hermosa y tierna alma gemela.

El diablo mordió mi corazón fuertemente y los ángeles solo se quedaron mirando.

Quizás en otra vida

Quizás en otra vida nos encontraremos,
quizás e otra vida encuentre la paz junto a ti,
quizás en otra vida podre amarte como nunca nadie lo ha hecho,
quizás en otra vida nos perderemos el uno con el otro,
quizás en otra vida tendremos vida,
quizás en otra vida estaremos juntos,
quizás en otra vida podre darte el beso mas tierno,
quizás en otra vida podre darte el beso mas pasional,
quizás en otra vida me entregues tu corazón,
quizás en otra vida podre mirar tus ojos,
quizás en otra vida nos encontraremos,
quizás en otra vida.

A pesar de estar rodeado de amigos y familia, en el interior siempre he
sentido una gran melancolía y una gran soledad

La persona que mas admiro, con un hermoso corazón y una de las
personas mas nobles que haya conocido es mi madre.

Broken heart sign
Mixed media on paper
18 x 12 in
2012

Madre mía

La mejor mujer que he conocido y llegare a conocer en mi vida,
mi admiracion hacia ella es infinita, como infinito es el amor que le tengo,
Dios me bendijo con dármela, es un regalo divino que nunca he merecido,
su nobleza es como un animal hambriento que regala su único alimento,
su belleza es abstracta en todo el universo, con un extraño y hermoso
brillo,
una gran mujer, una gran madre,
me lo a dado todo aun sin merecerlo,
gran mujer, enorme corazón dulce y cálido como sus abrazos,
la madre que todo hijo solamente podría soñar,
pero en mi sueño se convirtió en realidad,
sacrificio es palabra clave en su vida,
entregándose a su papel de madre y entregándose a sus hijos,
dedicada y fuerte haciendo su tributo a si misma y su belleza abstracta,
ángeles piden estar a su alrededor,
emanando esa luz que sin ella habría yo muerto mucho tiempo atrás,
sin palabras para agradecerle a Dios por dármela,
el regalo mas hermoso que podría recibir,
sin palabras para agradecerte a ti madre mía,
madre preciosa,
el estar ahí siempre y por existir en mi vida,
eso y mas es mi querida madre.

Ninguna mujer me puede amar pero ninguna puede olvidarme

Paola

No tengo la menor duda alguna,
de que en este 5 de Junio,
la mas hermosa estrella derritió y callo a la tierra,
los ángeles se aglomeraron por verte,
todos querían ser tus guardianes,
su piel se erizo llenándolos de escalofríos por tocarte,
hasta los demonios curiosos por esa criatura observaban de lejos,
la flor con los pétalos mas bellos desprendieron al mismo tiempo,
el sol emanaba una luz especial y cálida en ese momento,
y los cielos brillaban como nunca lo habian echo,
así como las aves del paraíso cantaron sin cesar la mas placentera melodía,
lo bello se torno mas bello con tu presencia,
este día nació una de las criaturas con una incomparable belleza,
de un tierno y dulce corazón,
que el universo entero envidio,
este día naciste tu,
mi querida Paola.

Quisiera ser la lluvia que cae sobre ti,
el día que estés desnuda sobre un campo abierto,
en una noche de tormenta.

Solo mira mis ojos ellos nunca mentirían y escucha las palabras de amor que vienen de lo mas profundo de mi corazón.

Escribiendo poema La calle de ros
Mixed media on paper
18 x 12 in
2012

Ha sido imposible

El amarme ha sido nada mas que imposible,
como el querer amar al asesino de tus hijos,
ninguna mujer me ha amado,
siempre he amado solo,
ninguna mujer me ha amado por mi complicado cerebro,
ninguna mujer me ha amado por mi complicado corazón,
ambicioso en el amor,
ambicioso en el espíritu,
pero no ambicioso en el dinero,
lo cual me a traído grandes problemas,
el amarme ha sido nada más que imposible,
o quizá algunas veces yo no he querido ser amado,
después de tantas batallas en el amor,
he quedado en estado exhausto y de locura,
mi corazón no piensa claro y nunca lo hará,
este corazón frágil y extremo huele a embriagado,
como si se hubiera tomado varios tragos de formol amargo,
ha sido nada más que imposible el amor de una mujer hacia mi,
hacia mi,
hacia mi,
hacia mi,
ha sido imposible,
el amarme.

A veces el dejar de hacer algo, es hacer algo.

En otro lado nunca aquí

Ahora siempre que beso,
mis besos no están ahí,
se encuentran a millones de kilómetros de aquí,
buscando tus labios,
mis manos buscan tu piel,
tocandote y besándote sin tu darte cuenta,
escuchando otra voz,
pero entre lineas escucho el eco de tu voz,
y mi nariz extrañando el olor de tu esencia,
como fantasmas sobre ti,
cada estrella en le cielo,
serán mis ojos viéndote todo el tiempo.

El estudio del arte y el hacer arte, ha abierto mis ojos para ver la vida de una manera muy diferente a las demás personas

El arte es la única que le da Fe a mi vida.

Desperate with spasms
Mixed media on paper
18 x 12 in
2012

Hombre agonizante

En esta noche mas obscura que un agujero de ratas,
el viento se siente,
susurrandome al oído palabras de horror,
la luna parece perder su luz,
las estrellas parecen haberse escondido,
mi cuerpo se siente cada vez mas frió,
mi corazón trata de calentarlo,
peor palpita con menor fuerza a cada instante,
el esta muriendo al igual que yo,
escalofríos me erizan la piel,
mis ojos cerrándose cada vez mas,
borrosamente puedo ver un gato negro,
un cuervo sobre mi cabeza viéndome a los ojos,
y una rata acercándose a este cuerpo decrépito,
el gato finalmente se acerca a mi,
y quedo dormido eternamente,
eternamente.

Una vida sin amor es como un lienzo con todo y plástico.

Y un extraño ruido
se escuchaba afuera

Dormía,
soñaba con una bella mujer,
cuando el rugido del viento me despertó,
la puerta entre abierta de mi habitación,
la luz prendida de mi companero de cuarto,
a las 4 de la madrugada, algo no común,
decidí ir a tomar un vaso de agua fría,
el calor era infernal,
el viento golpeaba la pequeña y obscura casa,
voltee al cuarto de mi compañero,
solo se veía la luz encendida y la cama destendida,
después observe mas y escuche su abanico,
peor no había señal de su presencia,
la puerta entreabierta de la casa,
y un ruido extraño se escuchaba afuera,
no preste atención y volví a la cama de mi habitación,
el ruido extraño y el fuerte viento no me dejaban dormir,
el extraño ruido como golpes era cada vez mas intenso,
decidí levantarme y salir,
algo golpeaba contra la pared,
al salir lentamente prendí la luz,
vi a mi compañero colgado o al menos parte de el,
ya que su cabeza no estaba,
el cuerpo cubierto de sangre,
sus órganos al descubierto, tenia varias incisiones en todo el cuerpo,
y un extraño ruido se escuchaba afuera..

Jesus Arturo Gardea

Siempre me he considerado uno de mis mas grandes enemigos, ya que la automutilación y la autodestrucción rigen gran parte de mis pensamientos

A este mundo dirigido por el dinero y el poder, menos y menos le importa el arte ni la poesía y es por lo cual la mayor parte del tiempo vivirá en la obscuridad

Edgar A. Poe
Mixed media on paper
18 x 12 in
2012

Durmiendo con mi amada

Acostado me encontraba,
durmiendo y y teniendo una pesadilla terrible,
abrí los ojos y vi su mirada,
quede congelado por unos segundos,
ella me miraba sin parpadear,
algo notaba distinto en su mirada,
yo pensaba como amo a esta mujer!,
pronuncie su nombre en voz alta,
y le dije te he amado!, te amo! y te amare por siempre!,
de repente sentí húmeda mi almohada,
no le di importancia,
decidí tocar su rostro,
estaba mas fría que nunca,
acerque mi cabeza a su pecho,
y el corazón no latía,
asustado brinque de la cama,
prendí la luz,
y observe que mi almohada tenia sangre,
avente las sabanas,
y vi su cuerpo desnudo,
al abrazarla sentí algo en su cuello,
tenia encajado un cuchillo,
mi bella y amada mujer era un cadáver,
y mis manos con sangre seca,
no era una pesadilla después de todo…
no era una pesadilla.

Como puedes ser tan sensible,

y a la vez ser tan duro,

la persona mas complicada que haya conocido,

esa soy yo,

como puedes sentir esa ternura,

y a la vez sentir ese coraje infernal,

como un monstruo sin descanso,

que duerme y despierta a cada momento,

ese soy yo.

Alguien toca la puerta

Oía los golpes fuertes de la puerta,
alguien tocaba,
y en eso abrí los ojos,
desperté,
nuevamente una de mis pesadillas pensé,
vi el reloj marcaba las 3:30 de la madrugada,
cerré mis ojos,
ta!, ta!, ta!,
abrí los ojos,
alguien toca la puerta me dije a mi mismo,
ta!, ta!, ta!,
me quede en shock,
me levante de la cama,
ta!, ta!, ta!,
quien podrá ser a estas horas pensé,
ta!, ta!, ta!,
me acerque lentamente a la ventana pequeña de la puerta,
pero solo se veía como una sombra,
ta!, ta!, ta!,
quien es?! grite sin recibir respuesta alguna,
sudando y con miedo me acerque mas,
y pude ver a alguien o algo con una túnica negra,
ta!, ta!, ta!,
sentí un dolor en le pecho,
al prender la luz,
me di cuenta que era la muerte,
en eso mi Corazón dejo de latir,
lo se porque estoy enseguida de ella.

El saber que las cosas que hago por ti hayan quitado al menos una lágrima mas en tu rostro seguirán valiendo la pena hacerlas.

On the top
Mixed media on paper
18 x 24 in
2012

Mi obscuro destino

El saber el futuro,
invadió mi corazón de terror,
la melancolía se apodero de mi,
y la desesperacion en mi cabeza agudizo sus gritos,
la bestia negra aullo hacia el cielo mas obscuro,
en esta realidad ficticia,
la mente creo un terrorífico panorama,
arboles sin hojas,
solo ramas filosas y peligrosas,
gatos negros junto con ratas aparecieron en el camino,
con solo tonos grises,
la mente y mis ojos perciben,
un inmenso silencio invadia mi mente,
y mi espíritu transparente,
estaba sentado del cansancio obervandome con una gran melancolía,
al ver a lo lejos una flor,
camine hacia ella,
peor marchito al yo acercarme,
sabia que estaría encerrado en ese obscuro destino,
con el mas grande dolor en mi atormentado corazón,
el gran triste corazón.

El tenerte cerca y no tener tu amor,

es como contemplar un cristalino y hermoso mar,

escucharlo a menos de 10 pasos,

y no poder sumergirse en el,

ni sentir sus tibias aguas.

Mi manera de ver el mundo, mi perspectiva de las cosas, mi manera de amar, y mi rebeldía me han creado problemas con todos, incluyendo mi familia, las mujeres, mis amigos y también conmigo mismo a veces

Renata

Un pedacito del cielo callo a la tierra,
una hermosa y tierna criatura,
trayendo consigo esperanza y vida,
con una sonrisa angelical llena de brillo,
y su presencia que inunda de gran emoción,
embriagándonos a todos con amor puro,
esa es mi pequeña y dulce sobrina.

El corazón inundado de tristes recuerdos,

y la falta de aire,

el corazón con demasiado estres,

paro de bombear,

terminando desecho.

Los ojos de mi corazón, mi alma y mi pensamiento,

se han hecho monocromaticos,

el único color que ven a cada instante,

es tan solo una persona,

tan solo a ti mi amada.

Self-portrait demon cover
Mixed media on paper
18 x 24 in
2012

El latir de tu corazón

Cuando mi corazón descansa,
descansa por tan solo unos segundos,
se detiene para escuchar el tuyo,
empapado de la bella armonía que tu corazón produce,
en cada dulce latido que da,
con esas notas del paraíso perdido,
que al verte y escucharte recuerda.

Siempre me a costado mucho trabajo controlar mis emociones.

Ese hombre que grita sin voz

Lo abundaba la tristeza y la soledad,
dentro de aquel hombre de carácter rebelde y melancólico,
se encontraba un gran y bello amor,
amor que no encontraba como sacarlo,
ese amor que cada vez parecía estar mas enterrado en lo mas
profundo de su alma,
atormentandose a si mismo una y otra vez,
sin descanso,
con la inmensa frustración del fracaso,
fracaso en sus tres más grandes pasiones en esta vida,
el amor, su arte y ahora sus escritos,
un hombre de un espíritu condenado,
el cual respira dolorosamente,
con una agonía y una constante desesperación en su Corazón,
ese hombre que grita sin voz.

Mi sed de ti,

es como la sed que siente un hombre,

que lleva perdido mas de 100 años sin beber una sola gota de agua,

en el desierto con el sol mas ardiente.

Vivo las peores pesadillas estando despierto

My own shadows are demons
Mixed media on paper
18 x 24 in
2012

Los besos inconscientes

Y aunque no nos hemos besado nunca físicamente,
creo que nuestras almas lo han estado haciendo,
se han estado besando,
lo han hecho desde hace mucho tiempo,
con la mas grande intensidad,
se han besado cada célula y cada rincón,
lo han hecho se han besado,
se han besado con los besos mas profundos que jamas se hayan
soñado,
y los besos mas tiernos,
que han estremecido parte de nuestros corazones de un modo
inexplicable,
lo han estado haciendo,
se han estado besando.

Jesus Arturo Gardea

Tengo una mente que nunca descansa.

Podrían quererme mas

Desearía que los ángeles me quisieran,
me quisieran mas,
no digo que no lo hagan,
me dejaron conocerte,
y ahora los veo yo personalmente,
incendiaron mi corazón ardiendo en llamas,
que se tornaran cenizas,
estarán ahí esperando renacer como el ave fenix,
ella murió y después yo,
volverán a la vida en algunos años,
si es que los ángeles me llegaran a querer mas.

Esta vez la fe me abandona a mi, no yo a ella.

The bathtub
Mixed media on paper
18 x 24 in
2012

JESUS ARTURO GARDEA

Nunca terminara de florecer

Los ángeles con lágrimas de envidia al verla,
ellos envidian a mi princesa,
la mujer de mis mas profundos sueños,
cada vez que la veo,
mi princesa se ve mas hermosa día a día,
como una flor que ha estado abriendo lentamente sus pétalos,
desde el agraciado día en que nació,
y que aun no termina de florecer,
enamorando mi alma y mi corazón,
con mas pasión cada día mas.

Siempre le digo a mi corazón que no sea rencoroso pero creo que es sordo.

La calle de Ros

Con tan solo verte,
todo grado de placer encuentro,
no hay mayor dicha que conocerte,
te llevare adentro,

invadido en aguas de amor,
tocando las profundidades de mi corazón,
el cariño hacia ti es devastador,
creo que perdí la razón,

en mi imaginación rondaras,
así como hoy,
los ángeles motivaras,
en un hermoso sueño estoy,

mi mas querida princesa,
mi gran anhelo,
las mas hermosa,
mi mas grande cielo,
la mas valiosa,
en la calle nos encontramos,
la calle de ros.

Esta vida que tanto llegue a amar,

se ha convertido en un sueño insípido,

como un alma en pena condenada,

ahora solo reinan la obscuridad y la tristeza,

caminando de la mano de la nostalgia,

el dolor se aloja en mi alma,

y el sufrimiento llena mi corazón.

JESUS ARTURO GARDEA

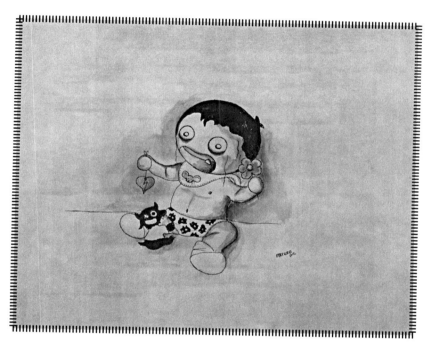

Hope and broken heart
Mixed media on paper
18 x 24 in
2012

El intento de un beso

Fue un 3 de Noviembre, un año mas en mi vida,
la vi llegar y me olvide de todo,
mis invitados se extinguieron de mi memoria,
tonos rojos veía alrededor de esa mujer,
era mi princesa y esa noche tomo su corona,

era una noche obscura,
el alcohol invadia mi cabeza y mi corazón,
mostrando sus sentimientos hacia ella esa noche,
mis impulsos escondidos que guardaba salieron,

la tome fuertemente entre mis brazos,
intente besarla con una pasión que me invadía,
pero ella me rechazo,
los ángeles celosos me negaron ese privilegio,

mis brazos sin fuerza la soltaron,
mi princesa se fue de mi reino,
quedandome solo, observaba la noche obscura,
contemple las pocas estrellas,
y maldeci a los ángeles a mi alrededor,
ellos la alejaron de mi.

JESUS ARTURO GARDEA

El dinero es uno de mis mas grandes enemigos

Sin titulo

Mi alma se estremece,
estremeces mi alma,
incurable enfermedad del alma y no del cuerpo,
sacas lágrimas a mi alma,
lágrimas de deseo,
bendecido con tan solo observarte,
mi corazón cargado de pasiones,
y el viento con aire de horror y miedo.

Mi conexión con este mundo cada vez es mas tenue.

The candle
Mixed media on paper
18 x 24 in
2012

Mi princesa y yo

Mi princesa y yo somos diferentes a los demás,
nuestro mundo va mas haya de lo conocido,
pocos han visto y sentido las cosas que nosotros,
es hermoso este lugar aunque,
difícil de encontrar compañía,
es un mundo bello pero solitario,
idealistas creo hasta la muerte,
es absorbente,
somos soñadores,
creemos en la pureza de el sentimiento,
sin darnos cuenta hemos tocado nuestros corazones,
pero los dos son frágiles y tienen filosas navajas incrustadas,
con heridas llenas de miedo y obscuridad,
pero en lo mas profundo de ellos,
algo hermoso siempre ha estado habitando.

Ninguna mujer puede decir que me conoce si nunca nos hemos besado, para mi los besos es como dar una muestra física y transparente de mi alma

Estrellare mi corazón contra el muro que has puesto hacia mi amor, aunque tenga el riesgo de heridas profundas e incluso muera un poco.

Mi única princesa

Caminando va mi princesa,
con su gran corona,
se ve hermosa en cada paso que da,
solo ella y yo lo sabemos,
se encuentra en un mundo de cristal,
mi única princesa,
sus cabellos dorados que contrastan en el cielo azul,
mi amor te lo entrego a través de las nubes,
cada vez que llueve toco tu piel,
tu lo sabes princesa,
tu lo sabes amor,
amor irreal, amor puro,
mi única princesa, la mas hermosa,
el sol tiene la dicha de alumbrar tu figura,
aunque a veces me pregunto quien le da luz a quien,
lo único que se es que tu le das luz a mis ojos,
mi querida princesa,
cuando te despiertas estremeces a las aves ellas cantan por doquier,
las flores brotan en nuestro reino,
la gente no lo sabe,
pero tu y yo si,
los demás no importan ellos no están en nuestro reino,
tu corona siempre permanecerá intacta,
mi alma y mi Corazón la protegen día y noche,
para mi princesa,
mi única princesa.

Hay una extrema incompatibilidad entre la vida y el arte,

eso leí un día en algún lado,

y personalmente creo que se odian hasta la muerte,

es como una espiral,

una rechaza a la otra.

Siempre que te vuelvo a ver trato de encontrar algo que no me guste de ti, pero es como tratar de encontrarle un defecto en el cielo al ángel mas bello.

This is all I can give you
Mixed media on paper
16 x 12 in
2012

Mientras mi princesa duerme

Hablo con su alma,
la amo mas que nunca,
muero junto a ella,
descanso a su lado,
cuido su sueño,
pienso en ella,
toco cada rincón de ella,
la enamoro cada noche una y otra vez,
peleo con los demonios,
la beso apasionadamente,
viajo con ella.
la acaricio tiernamente,
contemplo cada poro de ella,
desprendo las cadenas,
le entrego mi corazón.

Yo tomo para estar sobrio, para tener aunque sea un poco de balance en mi mente, tomo para pensar como los demás y sufrir menos por esos momentos de sobriedad en mi vida

Me gustaría ser parte de tus sueños y mas aun algún día dormir en la misma cama y soñar juntos.

Mayo

La veía pasar casi todos los días,
como casi todos los días oía el cantar de los pajaros,
nunca me miraba, solo pasaba enseguida de mi,
sin darse cuenta que yo la observaba,
nunca me miraba,
como un fantasma es imposible de ver al medio día,
quería decir hola, como se saluda a cualquiera,
pero con ella me daban nervios,
nervios que no suelen darme muy seguido al hablarle a una mujer,
algo de ella me llamaba la atención,
pero aparte de su belleza había algo mas,
algo que me intrigaba,
ya que la belleza física la observo y después la olvido,
como suele olvidar un anciano con alzheimer,
lo que me intrigaba era algo mas de ella,
pero no sabia que era y aun no lo se,
decidí dejárselo saber,
con la voz temblorosa y mi cara tornándose roja,
ella acepto mi invitación,
pero no rápidamente,
ella la acepto,
la acepto en noviembre.

La poesía relaja mi mente y libera mi corazón porque sana mi alma

The storm and the rain keep following me
Mixed media on paper
16 x 12 in
2012

Vena pulmonar

Tu princesa,
belleza de lo bello,
transportas mi sangre de mis pulmones a este corazón desfigurado,
tu corazón cálido,
es como la dulce miel del panal encontrado en lo mas profundo de mi
alma,
y construido por abejas del mas puro amor,
abejas que solo tu produces,
mi anhelo,
mi princesa,
mi vena pulmonar.

El arte es una enfermedad y su única cura es la muerte.

El trueno

Me encontraba durmiendo,
era una noche de nubes grises,
una luna llena y blanca como la nieve,
cuando un tenebroso y ruidoso trueno callo,
estremeciendo mi alma y mi corazón,
inesperadamente y hermosamente,
ese trueno eras tu,
cargado de dulce amor,
cargado de las mas grandes pasiones,
eras tu,
mi eterna,
mi única,
y mi bella amada.

Incluso el sonido de tu silencio es hermoso y placentero para mis oídos.

Yo siempre he tenido la "estúpida" idea de que podemos sobrevivir y vivir de amor, todos me contradicen y a pesar de eso lo sigo **creyendo**

Love failures
Mixed media on paper
18 x 12 in
2012

Sonata

El harpa toca la melodía,
la melodía del olvido,
que día a día,
es una agonía,
motivada por ti,
por tu vestido de desamor,
por el entierro,
entierro de mi amor hacia ti.

El amar o querer a alguien que no siente lo mismo por ti, es una de las mas grandes agonías en la vida de un hombre, y el saber que quizás jamas puedas cambiar su manera de pensar o su corazón respecto a ti es una tragedia

Sin lugar

Debajo del mar,
guardare el amor hacia ti,
porque los ángeles en el cielo,
no me dejaron tenerlo,
ellos apagaron las estrellas,
y ocuparon todas las nubes,
cerrándome el paraíso en ti.

Mi corazón me implora por descansar.

No me deja o queda mas remedio que imaginar, usar mi imaginación para escapar este mundo, además de enamorarme en mi imaginación algunas veces

Sometimes holding hands hurts
Mixed media on paper
18 x 12 in
2012

La estrella

Acostado en mi cama,
mis ojos llorosos,
atraviesan el techo,
buscando una estrella,
la mas brillante,
la que un día brillo,
brillo por nuestro amor.

Si eres una de las pocas personas que amo y llevo en mi corazón, no dudaria ni un segundo dar mi vida o mi alma por ti

Estoy dispuesto en un futuro a arriesgar mi vida por mi arte, el que no piense así no es artista de verdad

Short love story
Mixed media on paper
6 x 9 in
2012

CAPÍTULO II: HISTORIAS CORTAS

EL FESTEJO

- No sabia si era capaz de hacer lo que planeaba, pero mi lado mas obscuro y mi gran ira salieron a la luz esa noche de festejo.

Dos copas de vino tinto, es lo primero que vi al abrir los ojos,
parecía que me había quedado dormido por unos segundos,
no recordaba porque estaba ahí,
despúes al levantar la mirada,
se encontraba junto a mi,
mi mujer la que era mi esposa,
sonreí y levante la copa,
brindemos amor mio! Por 7 años de estar juntos!,
ella sonrió, alzo la copa,
brindemos! respondió,
nos tomamos el vino,
yo me quede viéndola con una sonrisa extraña,
ella se empezó a sentir mareada,
de pronto recordé todo,
sus ojos se empezaron a cerrar,
me levante y antes de que cayera al suelo,
la tome entre mis brazos,
se había desmayado gracias al sedante,
lo había yo puesto en su bebida,
la lleve a nuestra habitación y la senté,
le tome uno uno de sus brazos,
y le empece a realizar una anestesia general,
gracias al conocimiento que tenia tras haber leído libros,
le inserte una aguja en una vena del brazo,
me dirigí al closet y tome una segueta,
segueta que el día anterior había afilado,
y también tome plástico de ese que usan los pintores,
para no manchar la alfombra de sangre,

la vi y volteé a ver una foto que había en el buro,
foto en la cual aparecíamos ella, mi hermano y yo,
sonreíamos (incluso estábamos abrazados),
volví mi cabeza hacia ella y mire sus manos,
tome uno de sus brazos y lo acomode para empezar a cortar,
el primer corte fue tosco y pesado,
además de que me salpique bastante de sangre,
incluso callo algo de sangre en mi cara,
después continué cortando hasta que pude penetrar el hueso,
la mano callo al suelo manchando la silla y el plástico que
había puesto,
el cual ya no importaba,
ella seguía con los ojos cerrados,
gire y tome su otro brazo acomodando la mano,
y repeti los cortes hasta que esta callo también,
me dirigí a la cocina y busque en un gabinete,
gabinete que ella nunca revisaba,
busque los 3 frascos de vidrio que había guardado llenos de
formol,
los tome y regrese a la habitación,
recogi las manos y las metí una en cada frasco y los tape,
deje el tercer frasco, el mas grande en el buro junto a la foto,
le quite la aguja de la vena,
y empezó a abrir los ojos muy lentamente,
despertándose después de unos segundos,
yo estaba parando frente a ella,
ella empezó a gritar y a sentir todo el dolor que no había
sentido antes,
sus brazos se desangraban cada vez mas,
vas a morir le dije,
porque me hiciste esto!, ella gritaba llorando,
pero me quedare con tres recuerdos de ti, (le decía yo
calmadamente),

porque! seguía ella gritando,
ya tengo dos mira y tome los frascos con las manos,
ella lloraba y agonizaba del dolor,
ya no podía gritar, sus fuerzas se iban,
pero susurraba porque?, porque me hiciste esto?,
tome la foto del buro y se la puse en la cara,
y le dije esta es la razón,
ayer descubrí que tu y mi hermano se veían a mis espaldas!,
le grite con un grito de locura, mis ojos casi salían de sus
órbitas,
tire la foto con el marco al suelo,
este se quebró,
tome la segueta de nuevo y le dije tu cabeza sera el tercer
recuerdo,
tomándola del cuello bruscamente empecé a cortar la cabeza
poco a poco,
ella ya podía sentir el dolor de cada corte que yo realizaba,
solo se convulsionaba y la sangre brotaba para todos lados,
por fin pude cortar la cabeza,
la cual callo al suelo,
la recogi y la metí en el tercer frasco,
deje todo ahí en el cuarto,
fui nuevamente a la cocina por una bolsa grande,
metí el cuerpo de mi esposa en la bolsa peor la deje abierta,
baje al garage y abrí la cajuela de mi auto,
donde tenia una caja con algunas ratas vivas,
al volver al cuarto con la caja de ratas,
vacié estas dentro de la bolsa y la cerré,
la arrastre hacia el sótano con gran fuerza,
baje las escaleras lentamente,
y al llegar abajo la deje ahi,
al subir cerré la puerta y me dije a mi mismo,
las ratas harán lo suyo.

El corazón estaba muy irritado,
tan sensible,
tenia un dolor insoportable,
que colapso al suelo.

Que puedo hacer si cada vez que toco la puerta de tu corazón esta cerrada y la llave se encuentra dentro de el.

MI HERMANO GEMELO

- No sabia exactamente porque lo hacía, pero durante los últimos diez años me la he pasado cambiando de vivienda.

Después del terrorífico y devastador accidente,
del cual yo había sido testigo hace diez años atrás,
eran las tres de la madrugada,
yo sin poder cerrar los ojos,
durante diez años el insomnio había sido mi compañero fiel,
me encontraba viendo al techo,
era noche,
sol se escuchaban ruidos extraños en la pequeña casa,
pensé de seguro son goteras o ecos del tiempo,
algo normal me dije,
pero en un par de minutos los sonidos se escuchaban con mayor intensidad,
se agudizaban a cada segundo penetrando mis oídos y llegando a mi cerebro,
eran insoportables y al perecer provenian de afuera de mi habitación,
decidí levantarme,
camine y tropecé con algo,
no sabia lo que era ya que mi cuarto estaba en la obscuridad,
al estar en el suelo toque algo,
lo que fuera que estaba tocando era duro y solido de olor extraño con polvo,
sabia que se localizaba justo enseguida de mi cama,
empecé a respirar mas rápido,
y los latidos de mi corazón golpeaban aceleradamente,
me levante y prendí la luz,
al girar mi cabeza, observe lo que era esa cosa solida y polvorienta,
era un esqueleto humano!,
al parecer femenino, no se porque sabia eso pero lo sabia,

salí de mi habitación corriendo y me dirigí al baño,
me dieron ganas de vomitar,
vomite,
empecé a sudar, se me hizo extraño el vomitar,
ya que no tenia nada en el estomago,
llevaba tres días solo bebiendo whisky del mas amargo,
de pronto sentí un déjà vu por alguna extraña razón,
como si esto que me estaba pasando ya lo hubiera vivido antes,
me empecé a lavar las manos viéndome al espejo,
cuando de pronto vi una silueta negra de una mujer,
me quede plasmado!,
la mujer se acercaba hacia mi por detrás,
me miraba con ojos penetrantes,
mis axilas empezaron a sudar,
al estar básicamente detrás de mi, reconocí a esa mujer,
era mi amada,
era mi mujer,
se veía pálida,
su pelo dorado y brillante,
estaba vestida como el día del accidente,
el vestido era de un azul obscuro con la parte del cuello y
hombros de blanco,
se me vinieron a la mente visiones de la ultima vez que la vi,
sus ojos con las pupilas dilatadas rojos y bien abiertos,
su vestido lleno de sangre,
volví de esas horrorosas visiones y ella había desaparecido,
pensé porque lo hizo,
que razón habría tenido para asesinarla,
como la extraño me dije,
camine y volteé a ver una foto en el pasillo,
donde estábamos mi hermano gemelo y yo abrazados muy
sonrientes,
porque,
porque lo hiciste hermano pensé,
me dio una nostalgia y me sentí culpable al recordar a mi
hermano,
la ultima vez que lo vi,

vestía unos pantalones blancos, tenis blancos y una chamarra
de fuerza,
era en un hospital psiquiatrico,
dijeron que fue desarrollando poco a poco una enfermedad
mental,
parecida a la esquizofrenia,
nadie de la familia nos dimos cuenta,
de pronto recordé el esqueleto, y decidí hablar a la policía,
les dije lo que estaba en mi casa,
dijeron que llegarían rápido,
entre lentamente de nuevo a mi habitación,
observe el esqueleto,
de pronto el chillido de algo me asusto,
era una rata que salio debajo del cráneo,
era grande de color café obscuro con ojos grandes y negros,
después paso enseguida de mi, me observo por un momento,
y salio de la habitación,
de repente mi amada se apareció justo detrás del esqueleto,
viéndome nuevamente con esos ojos penetrantes,
pero ahora su vestido empezaba a sangrar de la parte del
Corazón,
empezaba a chorrear mucha sangre en la alfombra,
parte de esta caía sobre el esqueleto,
la policía llego a la casa,
yo podía escuchar las sirenas de las patrullas,
y los golpes que daban a a la puerta,
pero estaba enfocado,
no podía quitar la mirada de la horrorifica escena que estaba
presenciando,
la policía derribo la puerta al no recibir respuesta alguna,
entraron a mi habitación y me esposaron,
no puse resistencia,
tenían razón para pensar algo extraño de mi,
al ver el esqueleto y al no responder a la puerta,
uno de los policías el que me esposo,
al parecer era el detective, ya que vestía una gabardina café y
un sombrero,

me enseño su placa y me dijo,
queda usted detenido por homicidio,
finalmente después de diez años lo hemos encontrado,
lo extraño es que fue gracias a su propia llamada,
de que esta usted hablando detective respondí tranquilamente,
esto es un malentendido, yo ni siquiera tengo la menor idea de quien sea ese esqueleto, ni porque apareció enseguida de mi cama,
ese esqueleto es el de su mujer!, usted mismo la asesino hace diez años!,
– pero acaso esta usted loco, como se atreve a decir semejante barbaridad eso es imposible, como podría yo matar a mi amada mujer, el que lo hizo fue mi hermano gemelo, usted me esta confundiendo, el se encuentra en un hospital psiquiatrico, no se sabe el motivo por el cual lo hizo, solo sabemos que sufre de una enfermedad mental,
– se equivoca usted es el verdadero asesino, insistía el detective, usted mato a su mujer, la apuñalo varias veces en el área del Corazón, usted invento esa historia, los vecinos nos contaron esa historia que usted les contó de su hermano gemelo, usted no tiene hermanos,
el detective sintió la necesidad de contarle los hechos ya que por un momento dudo de los acontecimientos,
– déjeme refrescarle la memoria y narrarle los hechos como realmente pasaron, usted se encontraba sentado en el sofá de su estancia, usted la esperaba, esperaba a que llegara del trabajo, ella llego, abrió la puerta y le dio un beso, se fue a la recámara a cambiarse y usted se dirigió a la cocina, tomo un cuchillo y al salir ella de la habitación usted la apuñalo mas de treinta veces en el corazón, de repente tomo una actitud muy extraña, cuando ella cayó al suelo usted la abrazo llorando y la tomo en sus brazos
– como si usted no lo hubiera hecho y la besaba, después de esto saco a su mujer y la metió en el auto rápidamente, al regresar a la casa uno de los vecinos paso por ahí y asustado le pregunto que si estaba usted bien, porque traía sangre en las manos y en su ropa, y usted le respondió que su hermano gemelo había

apuñalado a su esposa y que la llevaría a un hospital, después de eso nosotros recibimos una llamada de otro vecino, el cual observaba todo lo que paso sin usted darse cuenta, es como si usted hubiera estado en trance, el vecino se encontraba podando el césped cuando por metiche o por lo que usted quiera observaba a través de su ventana, después hizo sus declaraciones pero llegamos tarde, usted había desaparecido llevándose el cadáver de su mujer, respondí al detective – así fue!, así fue! Pero fue mi hermano gemelo el que lo hizo!, el me contesto – probablemente usted invento un hermano gemelo para no culparse a usted mismo de haber matado a su mujer y su sentimiento de culpa fue tan grande que por eso creo a este supuesto hermano gemelo,

– le digo que ahí esta la foto!, mire! le conteste gritando ahí esta la foto!, mire!, le conteste, ahí estoy con mi hermano!, al ver yo la foto nuevamente me di cuenta que estaba yo solo, no había nadie mas conmigo en esa foto, recordé nuevamente los hechos y una lágrima salio de mi ojo, me di cuenta que era verdad el detective tenia razón, yo realmente había matado a mi querida mujer, mi esposa.

Has atacado de una manera perversamente amorosa a mi débil corazón.

Como un paisaje sin color, en el cual solo encuentro color al verte

EL HORROROSO REENCUENTRO

– nunca espere a volver a verlo, y menos esperaba la horrorosa noche que me esperaba este día.

El anciano de ochenta y cinco años dormía en la silla,
cuando un chillido lo despertó,
abrió los ojos y miro el reloj,
marcaba las dos treinta y cinco de la madrugada,
dirigió su mirada al lado derecho,
y observo a la esquina derecha,
su perro un san bernardo se encontraba ahí,
abrí mas los ojos y se me erizo la piel,
mi perro estaba muerto,
se encontraba cubierto de sangre,
partido a la mitad,
los intestinos parecían gruesos fideos con salsa de tomate,
podía ver el hígado de color guinda,
sus riñones jugosos llenos de líquidos viscosos,
la sangre brillaba con la luz de la luna,
el olor era insoportable,
mi estomago gorgoreaba,
me dieron ganas de vomitar,
solo tape mi boca y logre evitarlo,
voltio a la silla junto a el,
la silla de su mujer, ella no estaba,
princesa! Le gritaba con su voz quebradiza,
ella no respondió,
princesa! Grito nuevamente,
y nuevamente no recibio respuesta alguna,
decidió ir a buscarla,
pero su bastón y su silla de ruedas se encontraban lejos de el,
y sus piernas no le darían para llegar a ellos,
alguien o algo había movido su bastón y su silla de ruedas,
– pero porque y para que? se pregunto a si mismo,

empezaba a preocuparme,
de repente el chilló se escuchó de nuevo,
voltio a donde provenía ese sonido extraño,
provenía detrás de mi,
era en la cocina,
gire mi cabeza lo mas que pude,
alcanzaba a ver la entrada de la cocina,
de repente se vio una luz,
pero no era luz eléctrica, era una luz tenue,
al parecer era una vela,
luego vi que algo salio de la cocina,
era una rata café enorme!, paro enseguida de mi,
con sus chillidos me dijo –tu seras el siguiente,
mas bien eso imagine de lo aterrado que estaba,
ella solo paso y me voltio a ver con sus ojos negros,
se dirigió a mi perro y empezó a morder los intestinos,
mas liquido viscoso salia de ellos,
decidí no mirar mas,
en eso regrese mi mirada a la cocina,
ahora empecé a escuchar unos gritos,
provenian de la cocina era mi mujer,
– vete de aquí! Huye lo mas pronto que puedas!,
en eso se escucho un disparo y la voz de mi mujer callo por completo,
no pude ni gritar, que me quede atónito y unas lágrimas salieron de mis ojos,
solo se escuchaban los mordiscos de la rata junto con sus chillidos,
– quien anda ahí!?, que le ha echo a mi esposa! grite,
nadie contesto,
pasaron diez minutos hasta que empecé a oír pasos en la cocina,
– quien esta ahí!? volví a gritar,
volví a girar mi cabeza y vi a un hombre,
solo se veía la sombra,
pero alcanzaba a ver que el hombre cargaba una pistola en su mano,
desapareció y algo cayó,
era mi esposa en el suelo, su cara volteandome a ver,

sus ojos café claros bien abiertos con un agujero en la cabeza,
y la sangre le caía de su frente esparciéndose por el suelo,
empecé a temblar de nuevo y a llorar, el desgraciado,
quien quiera que fuera ha matado a mi esposa,
quería levantarme y hacer algo,
pero mis fuerzas no eran suficientes para levantarme por mi mismo,
apenas si podía mover los dedos de las manos con dificultad,
de repente el hombre de la sombra salio de la cocina dirigiéndose hacia mi,
yo escuchaba los pasos hasta que se detuvo detrás de mi,
no alcanzaba a verlo,
lo que si se es que cargaba la vela con el, porque aluzaba un poco la habitación,
solo sentía su espiración detrás de mi,
– da la cara cobarde!, le gritaba,

siguió caminando y se sentó en la silla enseguida de mi,
era la silla de mis esposa,
el era un hombre que cargaba una vela en su mano izquierda y una pistola en su
mano derecha,
sus manos estaban cubiertas de sangre y tenia una gran sonrisa en su rostro,
era un loco enfermo,
– que quiere de mi!, porque has echo esto!?,
– no tienes la menor idea de quien soy, de veras no lo sabes?,
– no se quien eres dímelo ahora mismo desgraciado!,
– pues deberías saber quien soy padre,
cuando me dijo eso me quede en shock y me puse pálido como un fantasma,
hacia diez años que no lo veía, el había escapado de la casa, yo tenia una hija con mi
esposa también y el fue adoptado cuando era un bebe, esa fue idea de mi esposa no
mía, se me vinieron visiones del momento en que lo adoptamos, nos dirigíamos al

orfanato, yo manejaba y volteaba a ver a mi esposa, ella me miraba con ternura, le

dije que si estaba segura de lo que haríamos que yo creía que era una mala idea,

pero ella insistió que lo hiciéramos, al llegar nos mostraron los bebes que tenían en adopción y mi esposa sin titubear escogió al niño que mas lloraba, era un recién nacido cubierto con su cobija azul claro, volví de esas visiones y de nuevo el tenia una sonrisa en su rostro,

- si soy yo

- a que has venido después de diez años! y porque has matado a mi esposa desgraciado!,

seguía sonriendo y de repente se levanto de la silla, puso la vela en la mesa pequeña de enfrente de nosotros, me apunto con la pistola, yo empezaba a sudar mas y le dije,

– dispara!, hazlo! El soltó una carcajada y dijo,

– no eso no seria divertido ni doloroso, seria muy fácil para ti, esto es solo el comienzo padre, se me acerco por completo, se hagacho y puso la pistola sobre mis piernas y sin decir ni una sola palabra regreso a la silla de mis esposa, yo con las pocas fuerzas que mis brazos tenian trate de tomar la pistola, pero fue en vano, mis manos padecian de arthritis y cada hueso de mi mano me dolia y no respondia a mis pensamientos ni a mis deseos de tomar la pistola y dispararle a mi hijo por la muerte de mi esposa, la ira y la tristeza estaban al mismo tiempo en mi mente y en mi Corazon, pero nada pude hacer,

– quiero que veas algo me dijo mi hijo despues de un rato de no intercambiar palabra alguna, volvio a levantarse de la silla y se acerco a mi silla volteandola en direccion a la cocina, solto mi silla y fue a la cocina, esquivo el cuerpo de mi mujer y escuche que salio de la casa mientras yo observaba a mi mujer, ya habia mas sangre en su rostro y en el suelo, parecian charcos de agua roja dejados por la muerte, la sangre casi llegaba a mis pies, derepente escuche la puerta de nuevo, el habia regresado, se aparecio y en sus manos cargaba una cierra, la prendia y la apagaba, le grite que no lo hiciera, se hagacho al cuerpo de mi esposa y empezo a cortarle la cabeza lentamente, las navajas de esa cierra se incrustraban en el cuello de mi mujer, era una lluvia de color rojo, salpicaba por todos lados, algunas gotas calleron sobre mi, sobre los muebles, la alfombra, las paredes y sobre mi hijo el estaba casi cubierto de sangre, hasta que por fin la cabeza se separo de su cuerpo unas tres pulgadas, la sangre brotaba sin cesar por doquier, podia ver sus musculos, algunas venas azules y los tejidos de cuello, asi como parte del hueso, parecia carne molida saliendo de su cuerpo, la escena que presenciaba parecia una carniceria del infierno, siendo mi hijo el carnicero del momento, el se dirigio a mi aun con la cierra encendida y yo no podia moverme (era uno de los momentos mas espantosos de mi vida) pero al estar frente a mi apago la cierra y la dejo caer bruscamente al suelo, movio mi silla ahora en direccion a la de mi esposa, tomo la pistola de mis piernas y se sento en la silla de mi esposa en direccion a la mia, queria estar frente a frente conmigo, me observo por un rato y me dijo – y como esta mi bella hermana.

Existía una rata en la alcantarilla,
no podía ver la luz,
estaba aterrorizada.

Para mi todos están locos, solo que hay unos mas que otros

LA INESPERADA VISITA

Escribiendo me encontraba, sentado en el suelo de mi habitación, el reloj marcaba las 3:30 de la madrugada, se encontraban junto a mi una botella de whisky a la mitad y una vela, no me gustaba mucho la luz además de que me ahorraba algo de dinero, se escuchaban algunos grillos solamente, escribía acerca de un asesinato, describiendo como lucia el cadáver de la ya no tan hermosa mujer, cuando de pronto escuche a un auto llegar detras de mi pequeña casa, en la cual hay un callejón y algunas casas, solté la pluma, le di un trago al whisky y me levante, fui a la ventana y lentamente abrí un poco la cortina para ver quien era, el auto se detuvo en una de las casas, era la casa amarilla, la casa del señor Green, Thomas Green para ser mas exactos, el hombre de barba pronunciada bajaba el cuerpo de una mujer sin la mitad de su rostro, podía alcanzar a ver algunos sesos, parte del cerebro y parte de la mandíbula al descubierto sin algunos dientes y algunos quebrados, era algo horripilante, decidí cerrar los ojos así como también cerré la cortina nuevamente, me quede pensando, que debía de hacer y no tenia la menor idea, miles de cosas además de asco y horror pasaban sobre mi cabeza, cuando de repente un ruido extraño se escucho, este provenía detrás de mi, se escuchaba como la respiración muy fuerte y agitada junto con un olor a azufre, el cual lleno mi habitación, volteé lentamente y era el diablo, estaba a cinco pasos de distancia, se encontraba en mi habitación viéndome directamente a los ojos, sus ojos eran negros sin brillo alguno, la temperatura empezó a subir rápidamente, me quede inmóvil sudando, el era una figura negra, sus pies o mas bien sus patas tenían tres garras y sus piernas gruesas estaban cubiertas de pelos gruesos como las de un oso negro, mientras que de la cintura para arriba era de rasgos humanos, solo que de color negro y la finalmente ver su rostro era una cara delgada, de nariz puntiaguda, no tenia pelo pero de su cabeza salían dos grandes y filosos cuernos, pero lo que me impactaba mas eran sus enormes ojos negros y esa mirada penetrante, fría y maligna, con las cejas fruncidas y sin parpadear, nos miramos por varios segundos hasta que por fin me dijo – la locura ha invadido y siempre invadirá tu mente.

Mis ojos quizás se cierren,

y yo duerma,

pero mi alma y mi corazón,

seguirán pensando en ti.

Te amo tanto que amo hasta tu sombra

CUARTO CRECIENTE

– Nunca supe distinguir la realidad, de lo que era parte de mi imaginación y de lo que había habitado en mi corazón por tantos años.

Me encontraba manejando en la obscura noche, con mi única compañía la luna llena, la lluvia atacaba el vidrio de mi auto, apenas si podía ver, la tormenta era cada vez mas fuerte, mis parabrisas a toda velocidad, me dirigía a mi departamento solitario, cuando de repente algo apareció en mi asiento de atrás, una figura, era una silueta humana, parecía la de un hombre, la observaba por le espejo retrovisor cuando de repente callo un trueno iluminando a la figura, era yo mismo pero con una sonrisa en mi rostro, una sonrisa macabra, ya que solo la mitad de mis boca sonreía y mi ojo derecho caía y cerraba un poco, en cuanto el trueno paso volteé y no había nadie en le auto, asustado regrese la mirada al frente, cuando una luz roja me hizo detenerme, mientras esperaba a que la luz cambiara a verde volteé al lado derecho y en la banqueta algo llamo mi atención, era una mujer esperando para cruzar la calle, aunque su paraguas negro la cubría por completo, sus tacones negros, sus largas y torneadas piernas junto con su falda gris delataron que era una mujer, la observe por un rato y de repente empezó a caminar apresuradamente, volteé a ver el semáforo y ya estaba en verde, acelere y pase junto a ella, volteé para ver su rostro, pero no pude ver nada, ella tenia la cabeza agachada y casi no había luz, solo vi sus carnosos labios, ella siguió su camino y yo el mio, al pasar tres cuadras me dije - pobre mujer caminando a estas horas de la noche bajo esta tormenta, debería regresar a llevarla a donde sea que vaya, pise el freno y me di una vuelta en u hasta que la alcancé, otro trueno callo y ella caminaba rápidamente, me acerque a ella, baje el vidrio del copiloto y era raro a pesar de la tormenta y los truenos, en ese momento solo escuchaba sus pisadas, los tacones en el pavimento, y al estar enseguida de ella le dije - disculpa mujer incógnita solo quería saber si necesitabas un té que el clima no esta muy agradable ahí afuera, ella solo respondió %96 no gracias, sin siquiera voltear la cara, - se que es bizarro que un extraño quiera ayudar a alguien, pero creo que aunque sea podrías voltear a verme, quizás cambies de opinión, no digo que sea guapo ni mucho menos pero parezco creo yo un buen hombre, ella giro su cabeza hacia mi y yo le sonreí sincera y agradablemente, le dije %96 además tu también eres una extraña para mi, como se si no estas totalmente loca, ella sonrió y me dijo - esta bien me arriesgare aceptare tu ofrecimiento ya que estoy muy cansada y no voy muy lejos, además por alguna razón me inspiras confianza, pare el auto, camine hacia ella y le abrí la puerta, cerré el paraguas y al entrar al auto le dije - mucho gusto mi nombre es Eduardo y le di la mano, ella sonrió y dijo, - yo soy Esmeralda dándome su mano, la cual estaba cubierta de un guante blanco delgado y muy elegante, volteé a ver su rostro pero aun la noche no me dejaba verla bien, - y a donde quiere la dama que la lleve su chofer el extraño, - vivo a unas cuadras de aquí, en unos departamentos, solo siga derecho y en la calle de Ros de vuelta a la derecha y ahí están, - ok así será le conteste acelerando el auto, la lluvia seguía, cuando avancé, ella me pregunto, - usted a que se dedica, - soy artista, digo pinto y también soy escritor, aunque por las tardes trabajo en una imprenta ya que con lo que gano del arte difícilmente y tristemente podría sobrevivir, ella dijo - que interesante siempre quise conocer a un artista de verdad, dicen que son raros y de otros mundos, que viven en sus mentes retorcidas y que la mayoría están locos, es cierto eso? me pregunto con una sonrisa en su rostro, - pues déjeme decirle que cuando la gente me pregunta o me dice que estoy loco les contesto que de echo no cabe la menor duda, dudarlo seria la locura mas grande en todo su esplendor, le conteste seriamente, ella hizo una extraña cara de asombro, frunciendo sus cejas y haciendo chicos sus ojos, los cuales no sabia yo aun que color eran, se me quedo viendo por un momento, después se rió y me dijo - pues aun así creo que son muy interesantes, ya que e leído acerca de la vida de varios artistas. Finalmente llegamos, - aquí es la calle de será le dije, - si de vuelta a la derecha por favor, si quiere estacione aquí el auto, baje y le abrí la puerta, tomo su paraguas y se paro frente a mi, esta vez si pude verle el rostro por completo, la luz de un farol aluzaba su cara por completo, además de que no le importo mojarse y no uso el paraguas, su rostro era delicado, de una piel muy blanca y suave, de nariz muy fina y poco respingada, sus cachetes hundidos un poco, de ojos azul claro, con sus seductores labios rojos carnosos y su cabellera larga y ondulada de color negro, una bella mujer no cabe la menor duda pensé, - muchísimas gracias por su ayuda, - fue un placer conteste, ella avanzaba hacia su departamento cuando decidí ir a alcanzarla y le dije - mire aquí esta mi tarjeta de la imprenta para cualquier cosa que se le ofrezca, además de que tal vez sea muy atrevido de mi parte pero me gustaría invitarla a cenar algún día, ella sonrió y la tomo, sin decir palabra alguna, corrí de regreso al auto. Al llegar a mi departamento me alegre de que esa noche no fue la excepción de haber salido por unos tragos, porque gracias a eso esta noche he conocido a una bella mujer traída probablemente por los ángeles. Mire mis sketches tirados por todos lados y algunos poemas en el suelo, escribí un poco y me tire a la cama hasta quedarme dormido. Al día siguiente la alarma me despertó, abrí los ojos y me levante bruscamente, me senté en la orilla de la cama para acabar de despertarme, por fin acabe de levantarme, me quite la ropa y me metí a la regadera. Mientras me banaba se me vino a la mente la mujer del paraguas, pensé quiero conocerla realmente, esperare su llamada y al salir me aliste cuando ya cambiado decidí hacerme un omelet con pan y un jugo de naranja bien frío, al terminar el desayuno voltee a ver el reloj y me di cuenta que aun me quedaba tiempo, me lave los dientes rápidamente y continúe con una pintura que ya estaba casi terminada, solo le agregué unos tonos rojos y negros en el cielo, la pintura tenia unos barcos hundiéndose bajo un cielo infernal, que solamente uno de los barcos aun no se hundía, el cual estaba siendo navegado por un hombre, que derepente me dio la impresión que ese hombre era yo, el cual sabia el catastrófico futuro que le espera, una muerte segura, acabe la pintura sin mancharme y salí de mi departamento, baje las escaleras, arranque mi auto y me dirigí al trabajo. En mi trabajo nada nuevo, tuve que realizar cincuenta litografías de otro artista local que a mi nunca me había gustado su trabajo, tenia como su propia historieta con personajes que el había inventado, nunca entendí su trabajo y probablemente era la razón por la cual no me gustaba. Ya casi era hora de salir y la mujer no me había marcado, claro que era muy apresurado pero yo moría de ganas por conocerla y verla nuevamente. Al salir de la imprenta me dieron ganas de tomarme unos whiskeys, tampoco era algo nuevo en mi vida la cual se había convertido en una rutina insípida. En el bar me senté en la barra y empecé a pedir un whisky tras otro, empecé a conversar con el cantinero, platicamos de los nuevos candidatos a la presidencia, lo cual me parecía aburridísimo ya que odiaba la política pero no teníamos mucho de que hablar un cantinero que no sabia nada de arte y un artista borracho, al final le conté de la mujer que había conocido ayer y que ansiaba su llamada, el me dijo- no se preocupe ella llamara. A la mañana siguiente, nuevamente lo mismo de siempre en mi vida rutinaria y así pasaron los días no fue hasta el séptimo día, cuando poco antes de salir del trabajo, me encontraba imprimiendo unos pósters de una exhibición que había de esqueletos humanos en le museo de la ciudad, cuando de pronto un compañero del trabajo grito, - tienes una llamada Eduardo!, - ya voy!, acabe rápidamente el ultimo póster y me dirigí al área de comida y tome el teléfono, - bueno, - Eduardo?, - si el habla, - que tal soy Esmeralda, - como estas!? que gusto oír tu voz de nuevo, pensé que ya no llamarías, - no si es que había andado ocupada estos días y la verdad no estaba segura de llamarte pero ya lo estoy haciendo, - que bueno que te animaste, deberas me da mucho gusto, y que te parece si cenamos algo hoy en la noche? le pregunte, - si estaría bien porque e estado encerrada leyendo mucho tiempo, - entonces paso por ti en dos horas, - esta bien nos vemos alrato cuídate y colgué el teléfono con una sonrisa en mi rostro. Y en hora y media salí del trabajo y solo observe la cantina que ahora no contaría con mi presencia, llegué a mi departamento, escribí dos poemas uno llamado "El hombre que grita sin voz" y el segundo llamado "Nuestra vista de amor" al terminar me metí a bañar. Al salir abrí un cajón, tome mis calzoncillos negros y me los puse, después me dirigí al closet y al abrirlo algo salio corriendo por debajo, era una pequeña rata negra la cual seguí con la mirada, cuando de repente se detuvo a observarme, nos miramos fijamente por unos segundos y después salio de la habitación, volteé de nuevo al closet y tome una camisa blanca de líneas delgadas grises, me la puse y también tome un chaleco gris de tres botones, siempre me había gustado usar chalecos, me veía mas elegante, el pantalón era negro y los zapatos también, finalmente me fui a ver al espejo y todo se veía bien, tome las llaves de mi auto negro de la mesa y salí. Me di cuenta que ya era de noche la luna me observaba de nuevo, al cerrar la puerta y voltear a ver mi auto negro, desde arriba observe algo tenebroso y extraño, alguien estaba dentro de mi auto, solo veía la parte de atrás de su cabeza y el cuello, sus manos estaban al volante, tres gotas de sudor cayeron de mi frente, volteé enseguida de mi y vi un pedazo de tabla de madera, la cual había dejado yo ahí, era sobra de un marco que había yo cortado para una de mis pinturas, lo tome con fuerza y empecé a bajar las escaleras lentamente, yo no quitaba la vista del auto, el hombre que estaba en el no se movía en lo absoluto, volteé a todos lados pero no había nadie mas, volví mi vista al auto y me acerque por detrás tratando de no hacer ruido para sorprender al asesino, solo se escuchaba y podía sentir le viento en mi rostro, tome la perilla de la puerta, la abrí lentamente y grite, - sal de ahí!, sal de mi auto!, pero al ver al hombre me fije que no tenia rostro, me refiero a que básicamente era una cabeza con pelo negro y orejas era todo, y lo mas aterrador era que al observarlo detenidamente me di cuenta que era yo pero sin rostro, al ver esto brinque para atrás del susto, y de la impresión, caí al suelo y al voltear de nuevo mi auto estaba solo, ya no había ningún hombre sin rasgos faciales ni con mi cabellera, me preguntaba en mi cabeza si es que había imaginado eso o si realmente algo estaba ahí, asustado me subí al auto, lo encendí y me dirigí hacia el departamento de Esmeralda. En el camino en un semáforo en rojo volteé al cielo y observe la luna, ahora solo se veía la mitad de ella, no recordaba como se le llamaba a ese fenómeno, regresé la mirada y el semáforo estaba en vede nuevamente, llegué al departamento de la mujer, me estacione, camine hasta su puerta y después de cinco minutos ella abrió, yo tenia mi mirada abajo, así que lo primero que vi fueron sus tacones rojos, nuevamente sus largas, torneadas y blancas piernas, un vestido rojo que empezaba arriba de las rodillas, este me permitió ver su delgada figura que estaba bien pegado a su piel, cosa que me dio una gran envidia, y una cuarta parte de sus pechos se podían ver, su cuello con un collar como de perlas no estaba seguro si lo eran o no y por fin mi mirada llego a su angelical rostro, el cual estaba sonriéndome con su lápiz labial rojo, y sus ojos de tonos azules que tenían voz propia, me dio la mano, le sonreí y la tome con la mía dándole un beso lentamente, parecíamos protagonistas de una película romántica de los ochentas, - como estas? preguntaba mientras íbamos hacia el auto, entramos y nos dirigimos a un restaurante italiano muy elegante, el cual pensé le gustaría, seguimos conversando un poco nada fuera de lo ordinario, hasta que llegamos al lugar, me estacione y me baje para abrirle la puerta, la tome de la mano y no la solté, solo nos miramos a ver con una sonrisa, caminamos al restaurante tomados de la mano, el mesero nos sentó en una mesa pequeña de dos con velas blancas encendidas, la luz era muy tenue, con un mantel color vino, ordenamos rápidamente, moríamos de hambre y mientras llegaba la comida empezamos a conversar, - nunca me dijiste a que te dedicabas le pregunte, - soy maestra de francés en una escuela particular, - muy bien porque mis películas favoritas son las francesas entonces las que consiga que no tengan subtítulos ahora tu podrás traducirme los diálogos, - claro que si, se que hay muy buenas películas en el cine francés, - y cual es tu edad si es que se puede saber porque se que a las mujeres le incomoda hablar de eso pero pues hay que saberlo, - jaja si claro a mi no me incomoda tengo cuarenta años, - pues esta usted muy bien conservada, digo, no es que este diciendo que sea vieja ni mucho menos pero la mayoría de las mujeres a su edad están muy descuidadas, - pues gracias por pensar eso, - y usted señor cual es su edad, - no se si quiera decírsela o no, ahora por primera vez no quisiera decirla por miedo a su reacción, - prometo no asustarme o algo por el estilo créame que es difícil d asustarme a mi jaja, - tengo 30 años, al decirle mi edad note algo de asombro en su rostro pero ella me dijo, - treinta es una edad buena porque es menor que la mía jaja, - sonreí y le pregunte que si era soltera, casada o divorciada, - soltera, siempre e sido una mujer solitaria, para serte sincera he conocido muy pocos hombres y ninguno me ha llenado, la mayoría son muy complicados, - aquí esta su comida nos interrumpió el mesero dejándonos los platillos sobre la mesa, - le decía que son muy complicados y supongo que yo como mujer también lo soy, además que me gusta mucho leer, entonces la mayoría del tiempo si no estoy en le trabajo me quedo en mi departamento leyendo, - yo también leo aunque prefiero escribir historias yo mismo, - y que opinas de Pablo Neruda es que es uno de mis escritores favoritos sus poemas me gustan mas que sus historias le dije, - me gusta mucho su trabajo solo que es demasiado raro y simple pero pues es lo que lo hace único, ella me pregunto - y que hay de ti y de tus amores?, - de ese tema si preferiría no hablar la verdad solo me traen malos recuerdos que no me gustaría mencionarlos, seguimos cenando y tomando vino, hablamos varios temas hasta que terminamos nuestra cena, íbamos de regreso a su departamento, casi llegábamos y estábamos en el semáforo de la calle de Ros y yo en el auto pensaba y moría por darle un beso, pero me daban nervios el no saber si ella lo deseaba también, tenia miedo al rechazo. Al ponerse la luz en verde di vuelta, estacione el auto y camino a su puerta tomados de la mano yo solo pensaba en ese beso, y al llegar a su puerta me acerque lentamente a su rostro, nos miramos fijamente a los ojos, sus ojos con tonos azules eran dos mundos para mi en ese momento, su pupila negra como un gran eclipse que se dilataban, con su blanco globo ocular que era como un mar blanco, tenían un brillo hermoso, baje mi mirada hacia su nariz respingada y la alcancé con mi nariz, al hacer contacto con su dulce piel sentí un trueno en todo mi cuerpo que paso por cada hueso dentro de mi, frotaba mi nariz suavemente contra la suya, después con los ojos cerrados frotábamos nuestras caras navegando en las hendiduras del uno con le otro en un mar de amor, empecé a besarle la frente, la nariz, sus mejillas, hasta finalmente llegar a sus labios y sentir el paraíso en ellos, nuestros corazones latían al mismo tiempo con mas fuerza, nos besamos hasta fundirnos el uno con el otro. Después de nuestro primer angelical beso como lo llame yo, los días pasaron, seguimos saliendo íbamos a comer, al cine, al parque, incluso leíamos juntos todo hacíamos juntos, no habia día que uno no pensara en el otro y a pesar de nuestros pasados tormentosos, nos enamoramos perdidamente, era un amor del mas puro, los dos estábamos contentos por primera vez en nuestras vidas, nos sentíamos completos, nunca había tenido tal conexión con alguien como con Esmeralda. Después de ocho meses en una tarde soleada con un cielo despejado se encontraban sentados junto a un lago a las afueras de la ciudad, yo le leía poemas que le escribía cuando de pronto se detuvo y le dijo que tenia algo que importante que decirle, ella desconcertada le dijo - si que pasa te escucho, me metí la mano al bolsillo del pantalón y saque una sortija de compromiso con un diamante, era dorada y tenia un brillo muy especial, volteé a ver su rostro y le dije, - te casarías conmigo Esmeralda?, ella enrojeció y con una voz de emoción y una sonrisa en su rostro me contesto, claro que si ansiaba este momento con todo mi corazón, y me abrazo fuertemente dándome un beso bruscamente. - La boda será dentro de 7 meses le dije, - ya que tengo lago de dinero ahorrado pero au me falta algo, quiero que tengas lo mejor, lo mereces princesa mía. Pasaron tres mese yo me encontraba durmiendo cuando la alarma me despertó, volteé y la apague como de costumbre, me levante de la cama, tome el control remoto y prendí la televisión, estaba el juego entre los jets de Nueva

York y los Colts de Indianápolis, el marcador marcaba diez a cero favor de los Jets, tome mi toalla azul marino y me metí a bañar rápidamente, al salir de la regadera tome mi navaja de rasurar que era de esas clásicas como las de los barberos de los ochentas, y viéndome al espejo, empecé a rasurarme la poca barba que tenia con poca espuma, cuando de pronto vi un rostro sin expresión detrás de mi, era yo mismo, me observaba a mi mismo! como era eso posible!, había detrás de mi otra persona igual que yo!, por distraerme me hice una pequeña cortada y en eso al volver mi mirada al espejo el desapareció, me limpie la sangre y me termine de quitar la barba, después tome mi camisa blanca, mis pantalones negros y mis zapatos negros, mire al suelo y vi una botella de whisky terminada, un vaso quebrado y un lienzo en blanco que aun tenia el plástico estaba nuevo, me sorprendí porque ya hacia tiempo que no tomaba, probablemente había estado ahí ya desde hace tiempo, pero si se que lago soy es despistado me dije a mi mismo, olvidando eso, empezaba a abotonarme la camisa y empecé a escuchar en las noticias a la conductora diciendo que interrumpía el juego para dar noticias de ultima hora, se ha encontrado el cadáver de una mujer enterrado en el bosque, fue descubierto gracias a un perro que empezó a desenterrarlo y la dueña al ver la mano de una persona aterrada llamo a la policía, dice la policía que no tiene mas de 12 horas que la enterraron, fue un asesinato terrible, varios órganos fueron removidos del cuerpo, esto me causo una gran impresión, dije pobre mujer y termine de vestirme y al ir por mi loción al baño escuche algo que erizo mi piel, la conductora empezó a describir a la mujer que había sido asesinada, era una mujer blanca de entre 37 y 42 años de edad, de cabellera larga y negra, de ojos azules y su rostro de facciones finas, si usted sabe de alguien que la conozca o le suena familiar por favor de llamar, al escuchar esto volteé y vi la televisor, me quede atónito y sin movimiento, empecé a sudar mientras volteaba al espejo y vi en el la mirada del hombre que había yo visto en mi auto la noche en que la conocí, era yo mismo con la ceja y mi ojo caído y la mitad de mi boca sonriendo, me empecé a morder fuertemente mis manos penetrando casi hasta el hueso, dejándome marcas y sangrando, me mordía una y otra vez brusca y fuertemente como un animal salvaje. Finalmente deje de hacerlo, cerré mis ojos y recordé lo que había pasado. Me encontraba en la imprenta, la llame y me dijo que esa noche no tenia ganas de salir que lo único que quería hacer era leer un libro nuevo que había comprado, no le di importancia y al salir yo del trabajo decidí por un lienzo nuevo y una botella de whisky para relajarme e iniciar una nueva pintura. Al llegar al departamento baje el lienzo nuevo y la botella de whisky, al entrar, rápidamente abrí la botella y me serví en un vaso con hielos, me lo tome de un sorbo y así seguí tomando uno tras otro hasta terminarme la botella. Observe el reloj que marcaba las dos cuarenta de la madrugada, me senté en mi cama sosteniendo el vaso, mi mente se encontraba en blanco solo observaba la pared, cuando de pronto algo se apodero de mi, al parecer los fantasmas de mis relaciones pasadas me habían alcanzado esa noche en ese exacto momento, mi mirada cambio, mis ojos cayeron un poco y los latidos de mi corazón se agudizaron golpeando mi pecho con mayor fuerza, como si este quisiera salir de mi pecho y romperme las costillas, apreté el vaso con fuerza y lo avente a la pared el cual se quebró cayendo al suelo, me dirigí a la alacena y había una caja de madera con una nota de no abrir, curiosamente escrita por mi. Quite la nota y saque lo que tenia guardado esa caja, eran cuatro cosas, una pequeña cierra, una pastilla que era un sedante, succinilcolina y un estuche de disección profesional. Tome todo apresuradamente, y salí del departamento dirigiéndome con Esmeralda mi futura esposa. Llegue y observe por la ventana de su departamento, ella se encontraba en el sofá bebiendo una copa de vino y leyendo un libro tal y como me lo había dicho. La observe por un rato hasta que después de unos minutos se levanto al baño, aproveche y entre rápidamente sin hacer ruido con la copia de la llave que ella me había dado y le puse el sedante en la copa de vino, escuche que le bajo al baño y me escondí detrás de otro sillón, sabría que el efecto de la pastilla seria casi instantáneo. Ella regreso, tomo su libro y le dio un trago grande a su copa de vino hasta terminárselo parecía que los demonios me ayudaban esa noche. En unos segundos dejo caer el libro y empezaba a cerrar y abrir los ojos, salí detrás del sillón y me pare frente a ella, la tome entre mis brazos cargándola hasta la recamara, ella me decía con voz muy débil, - que esta pasando amor, yo solo la observaba con una mirada fría, la recosté en la cama, le quite el vestido negro y también la despoje de su ropa interior, dejándola completamente desnuda, regrese detrás del sillón por la caja con mis cosas y la puse en el buró de la recamara sacando las cosas lentamente, tome la jeringa con la succinilcolina, tome el brazo de mi ya probablemente no futura esposa y la inyecte en la vena, le apliqué solo la dosis correcta para que se le paralizaran los músculos y no durmiera ni muriera en ese instante, ahora sabia yo que tenia aproximadamente 3 o 4 minutos para provocar el mas posible dolor en ella antes de que muriera. Aunque la agonía para ella ya empezaba, ya que al inyectarla con la substancia tenia grandes problemas para respirar además de no poder moverse, tome el bisturí rápidamente y realicé el primer corte, rebanando la línea media del abdomen hacia abajo hasta llegar a la cavidad abdominal, podía ver músculos, tejidos y órganos como al abrir una granada, su mirada era de dolor sus hermosos y claros ojos azules se tornaban rojos y de estos salían lagrimas, sin importar esto después tome las tijeras curvas y seguí disecando hasta lograr extraer ovarios, útero y anexos. Ella se empezaba a poner mas azul hasta finalmente morir de asfixia. Al morir ella su corazón seguía latiendo, este duraría unos 10 minutos con vida, así que me tome el tiempo de cortar el clítoris, el tiempo paso y el corazón dio sus últimos latidos lo cual disfrute bastante. Después conecte la pequeña cierra y me dirigí a la cabeza, con esta realicé una trepanación para extraer el cerebro, este al sacarlo era blanco y brilloso con mucho liquido y al final con la misma cierra abrí el pecho y extraje su corazón. Después de esto fui al bosque y la enterré, la enterré como un niño entierra su juguete favorito, pero mi error fue no haberla enterrado profundamente pensé. Volví de esas horrorosas escenas y seguía la reportera diciendo que la mujer estaba embarazada, al oír esto tome mi navaja de rasurar.

Nunca me he arrepentido por las cosas que he hecho, hago y haré por el amor de una mujer, incluso cuando este no me sea correspondido

Mi vida cada vez es mas abstracta, veo partes de mi corazón en varios lados

Ella enciende un fuego en mi cada vez que la veo.

Creía que el amor era una ilusión, pero al conocer tu alma tan bella como tu, cambio mi manera de pensar.

She is a ghost
Mixed media on paper
18 x 12 in
2012

En mi mente vivo,

un mundo que nunca nadie entenderá,

con un corazón incrustrado de nostalgia,

habitado de los mas tiernos y cálidos pensamientos,

así como también con un corazón atormentado, lleno de rabia,

y habitado de los mas obscuros y horrorosos pensamientos

Llevaste mi imaginación a lugares que jamas había visto,

esos lugares me estremecieron y calmaste los gritos de mi corazón por

unos

momentos de mi vida.

El puente que une mi corazón hacia ti,
esta construido con ladrillos de estrellas,
estrellas que caen de la noche del cielo de mi corazón.

Como un caracol que sube muy lentamente la montaña mas alta y después de 100 años logra llegar a la cima, así algún día tal vez yo alcance llegar a tu sensible y bello corazón.

El empezar a verte con otros ojos, los ojos de mi corazón, fue como empezar a tomarme lentamente una botella de un dulce, agradable y concentrado veneno que terminaría en agonía.

A veces me veo parado sobre la lapida de mi tumba, observo a las ratas llegar y a las aves negras aletear rápidamente y después de contemplar esa bella escena me retiro de ahí.

CPSIA information can be obtained at www.ICGtesting.com
Printed in the USA
BVOW021852060313

314891BV00002B/118/P